아이들의 어울림

HARMONY OF THE CHILDREN

아이들의 어울림

1판 1쇄 인쇄 2017년 12월 1일
1판 1쇄 발행 2017년 12월 5일

지은이 최성희
펴낸이 김덕문

펴낸곳 출판시대
주소 경기도 남양주시 별내면 청학로중앙길 71, 502호(상록수오피스텔)
대표전화 031-848-8007   **팩스** 031-848-8006
전자우편 boabooks@hanmail.net

ISBN 978-89-5521-084-2 03590

책값은 뒤표지에 있습니다.

아이들의 어울림

HARMONY OF THE CHILDREN

최성희 지음

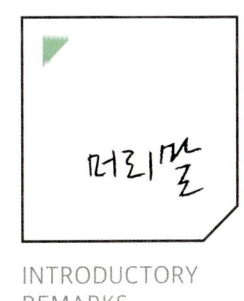

INTRODUCTORY REMARKS

『아이들의 어울림』은 아이들과 부모님을 위한 자연미술 놀이 아이디어 그리고 영감을 주는 선물입니다. 독자들이 함께 만들고 놀이하고 감상하고 공감할 수 있는 유익하고 즐거운 시간을 드리고 싶습니다.

『아이들의 어울림』은 페이지마다 신선한 아이디어, 끊임없는 에너지와 열정이 담겨 있습니다. 아이들은 호기심이 많고 활동적이며 자신을 표현하는 데 있어 두려워하지 않습니다. 매일 매일 자연 속에서 아이들과 함께 할 수 있는 수많은 미술놀이 프로젝트를 하며 즐거운 시간을 보냅니다.

부엉이 친구들, 나뭇가지 놀이, 나뭇잎 디자인, 흙놀이, 돌멩이에 페인팅하며 나만의 표현을 흥미롭게 디자인해 봅니다. 여러 번의 반복놀이와 과정을 중요시하며 쉽고 간단함을 중심으로 매력 있는 자연미술 놀이들을 표현하여 봅니다. 결과물 또한 자연에서 쉽게 구할 수 있는 재료로 복잡하지 않은 것들입니다. 자연물 장난감, 마음을 담은 신물, 영감을 주는 다양한 색과 흥미로운 붓으로 아이들을 위한 특별한 자연미술 놀이 선물들입니다.

『아이들의 어울림』은 아이들의 놀이터처럼 모든 가족이 행복할 수 있는 창의적인 공간입니다. 아이들과 선생님들, 부모님들에게 보물 상자 같은 도구가 되기를 바랍니다.

2017년 12월

최성희

차례
CONTENTS

목공 놀이 10
WOODWORKING PLAY

숲속 음악회 | 친구들 표정 | 나무 디자인 | 레이싱
작은 선물 | 마을 | 꼴라쥬 | 지혜로운 부엉이
부엉이 스케치 | 부엉이 가족 | 친구들 | 루돌프 | 동물농장
토끼 요정들 | 일곱 난쟁이 | 퍼즐

나뭇잎 60
LEAF

가을 | 가랜드 | 친구들 | 모빌

흙 놀이 76
MUD PLAY

찰흙이랑 석고랑 | 하얀 점토 속 이야기 | 찰흙 속 나뭇잎
하나! 둘! 셋! 한 줄 기차!! | 고슴도치 | 소꿉놀이
흙 물감 속으로~ | 거목

플라워 아트 110
FLOWER ART

꽃에 반하다 | 꽃의 미학 | 가을 액자 | 친구

돌멩이 126
STONE ART

좋아하는 꽃 | 표정 | 할로윈

CHAPTER 6 — 자연미술 140
NATURAL ART
자연을 담다 | 자연과 빛 | 솔방울 | 스틱 아트
신체 움직임 | 나뭇가지 붓

CHAPTER 7 — 종이 놀이 160
PAPER PLAY
나무 | 눈 내리는 마을 | 종이 이야기 | 해바라기

CHAPTER 8 — 겨울 이야기 174
WINTER STORY
눈사람 | 루돌프 | 전구 아트

CHAPTER 9 — 설치미술 188
INSTALLATION ART
전구 아트 | 거미줄 | 돌멩이 놀이 | 드림 케쳐 | 물고기
스틱 아트 | 패브릭 아트 | 할로윈

CHAPTER 10 — 스페셜 프로그램 218
SPECIAL PROGRAM
빛 이야기 | 발 | 아세테이트지 스케치 | 인형
스크랩 부킹 | 자동차 극장

CHAPTER 11 — 바깥놀이 244
OUTDOORS PLAY

CHAPTER 1

목공 놀이

WOODWORKING PLAY

숲속 음악회
FOREST CONCERT

12
목공 놀이

나뭇가지에 생명을 넣어 표현할 수 있는 멋스러운 음악회 풍경

#원통나무 #솔방울 #나뭇가지 #밤송이 #음악회 #멜로디

친구들 표정

FRIENDS FACE

자연물들의 재미있는 얼굴 표현

#꽃잎 #솔방울 #도토리 #얼굴 #즐거움 #행복함

동그란 원 안에 다양한 색깔들

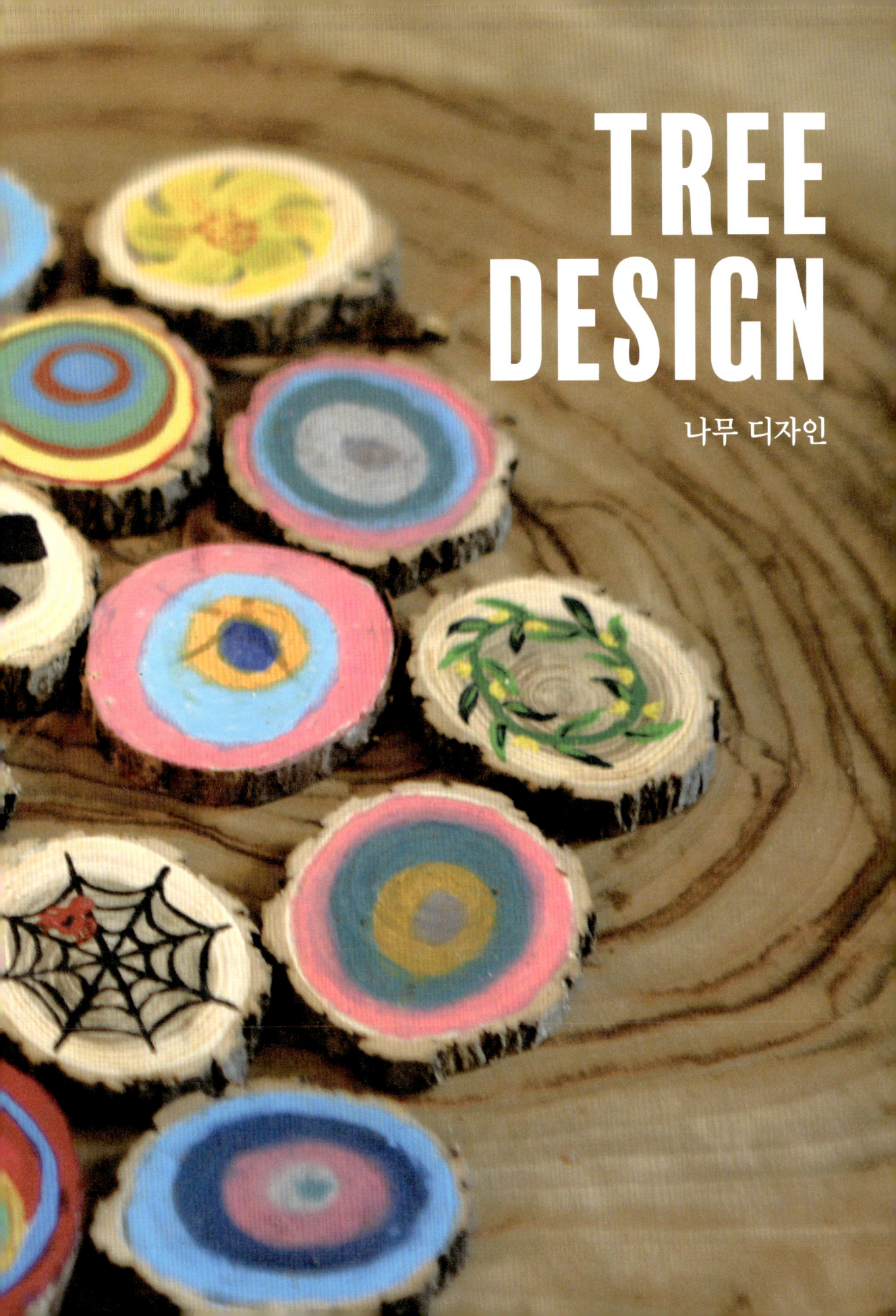

TREE DESIGN

나무 디자인

RACING
레이싱

자연과 함께하는 나무 자동차
#스피드 #나무 #번호 #장난감 #경주

SMALL GIFT
작은 선물

자연과 아이들

햇살 맑고 풍요로운 계절. 가을이 어김없이 찾아오면
자연의 빛과 색이 부르는 소리를 따라
아이들은 밖으로 나가고 싶어합니다.

세월과 함께 나이가 들어
주위를 돌아볼 겨를이 없는 어른이어도,
아파트 숲에서 자라나며 공부에 쫓겨
넉넉한 자유를 누릴 틈이 없는 도시의 아이라 해도,
자연의 아름다움은 어느 순간 갑자기
마음 깊은 곳을 두드리며 손짓합니다.

VILLAGE
마을

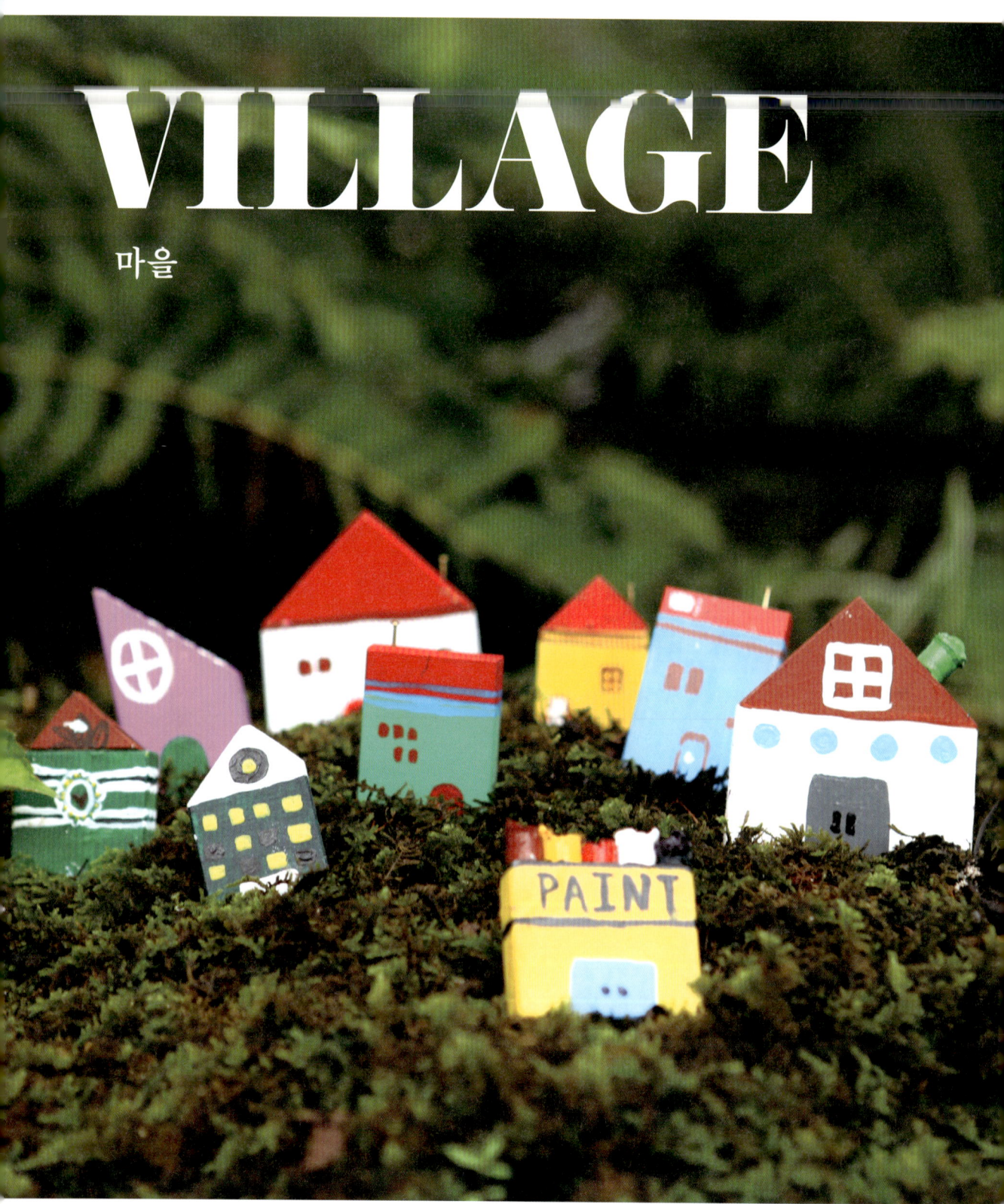

세모, 네모 퍼즐 조각이 모여 탄생

#마을 #집 #자연 #페인트 #미니어처

COLLAGE
꼴라쥬

자연물로 표현한 눈, 코, 입

#표정 #알록달록 #얼굴 #개구쟁이

WISE OWL
지혜로운 부엉이

자연과의 따뜻한 만남

#마을 #집 #자연 #페인트 #미니어쳐

얇은 펜 속 다양한 컬러와 디자인

#귀여움 #채색 #수리부엉이 #흰올빼미 #야행성

OWL FAMILY

부엉이 가족

커다란 눈과 나뭇잎의 조화

#원형나무 #나뭇잎 #자연 #가족

다양한 크기와 재미있는 표정들
#소풍 #손과발 #우리 #친구들 #요정

RUDOLF
루돌프

멋진 나뭇가지 뿔과 빨간 코

#생명 #동물 #자연 #겨울

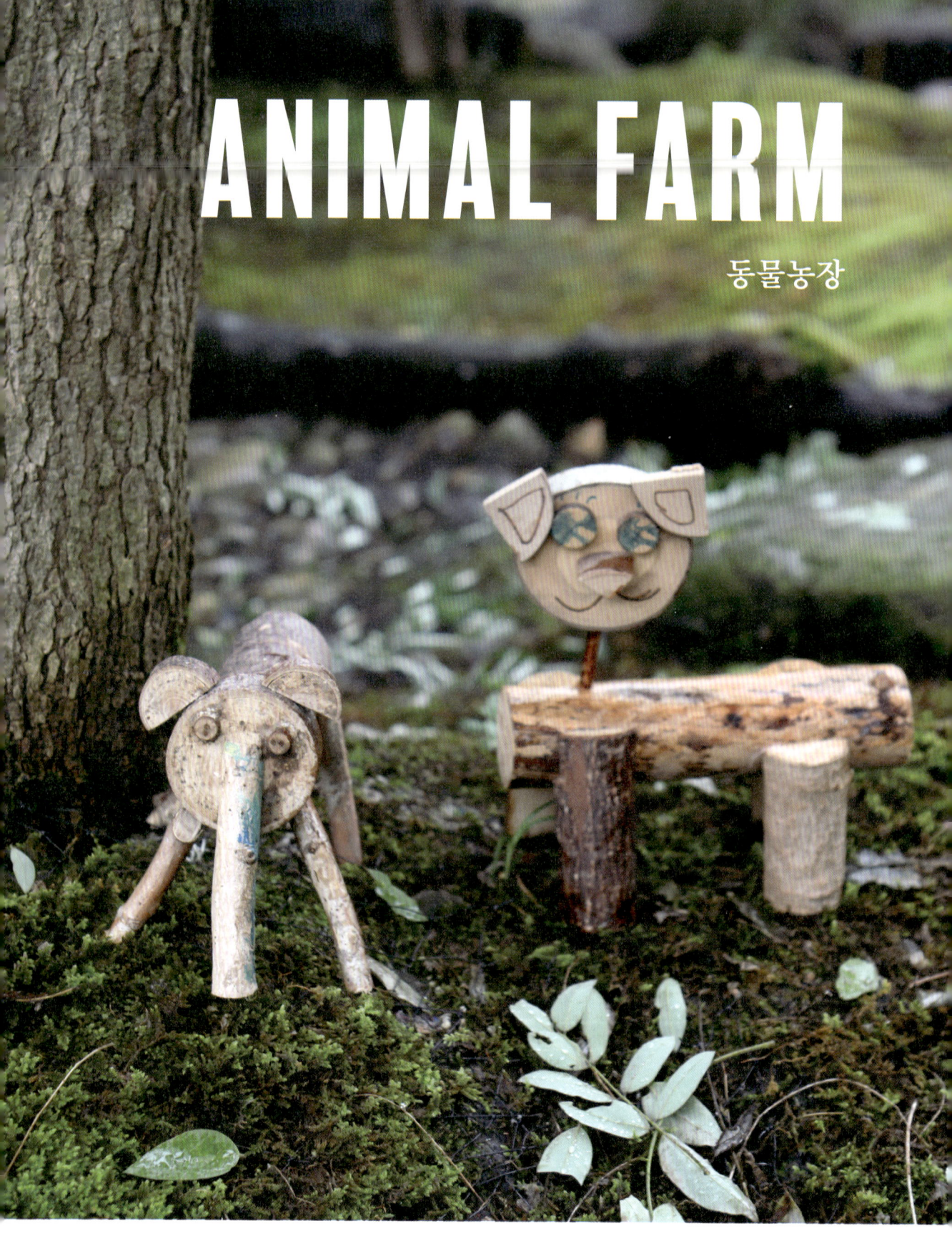

ANIMAL FARM
동물농장

뚝딱뚝딱 숲속 친구들!
#사자 #코끼리 #나무조각 #이야기

RABBIT FAIRIES
토끼 요정들

빨강, 연두, 핑크, 노랑 코와 길쭉한 귀!!
#요정 #귀여움 #친구들 #토끼 #액세서리

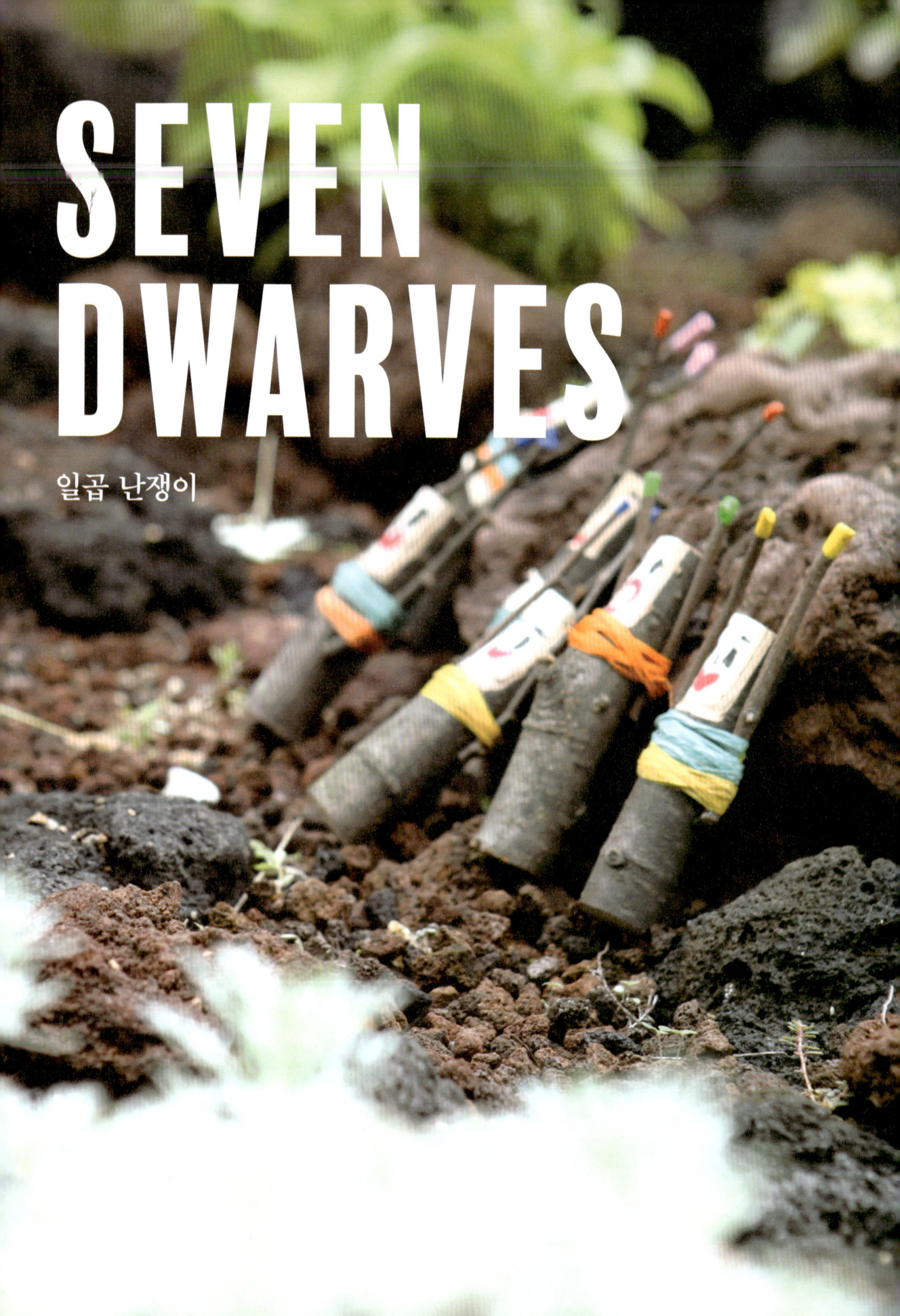

야~호!! 개구쟁이 일곱 명!! 자연 속으로 탐험 시작

#귀여움 #나무인형 #친구 #장난감

PUZZLE

퍼즐

컬러와 디자인을 탐구하다
#찍기 #이야기 #디자인 #그리기

CHAPTER 2

나뭇잎

LEAF

다양한 컬러로 옷을 입히다

#디자인 #컬러 #가을

GARLAND
가랜드

여러 가지 나뭇잎들이 한자리에 옹기종기

#소나무 #목련 #전시

FRIENDS

친구들

뾰족뾰족 둥글둥글 다양한 이야기

#갈참 #신갈 #졸참 #상수리 #단풍 #멋진 친구들

LEAF

MOBILE
모빌

나뭇잎 표현

#대나무 #한지 #빙글빙글 #모빌 #단풍

어느 날 햇살 한 조각!

그 끌림이 너무나 강렬하여

아이들이나 선생님 모두 한마음으로

밖으로 나가 자연과 함께 합니다.

손 끝에 만져지는 풀과 흙의 느낌,

나뭇잎 사이로 반짝이며 말을 거는 햇살,

자연에서 채집한 재료들을 만지작거리며

자연스럽게 표현하고 그리며 노는 아이들.

CHAPTER 3

흙 놀이
MUD PLAY

CLAY & GYPSUM

찰흙이랑 석고랑

오목하고 볼록한 재미있는 표정들
#석고 #찰흙 #다양한 모양 #찍기

흙 놀이

나뭇잎 찍기

#그림자 #모양 #사탕 #액세서리

#화려함 #선명함 #체리 #노랗 #자연.

LEAVES IN THE CLAY

찰흙 속 나뭇잎

우리반 친구들

부엉이들

#찰흙 #찍기 #귀여움 #멋진 깃털

친구들과의 여행
#동글동글 #가족 #친구 #소풍

HEDGEHOG

고슴도치

뾰족뾰족 나뭇가지들도 친구

#아빠 얼굴 #친구들 #즐거움 #장난꾸러기들

PLAYING HOUSE

소꿉놀이

자연놀이 밥상에 맛있는 자연음식이 가득!!

#찰흙 #꽃잎들 #열매 #밥상 #아늑함

IN TO THE SOIL PAINTS

흙 물감 속으로~

자연의 재료 흙이랑 친구가 되다

#황토색 #붉은색 #바람 #구름 #나무 #부드러움

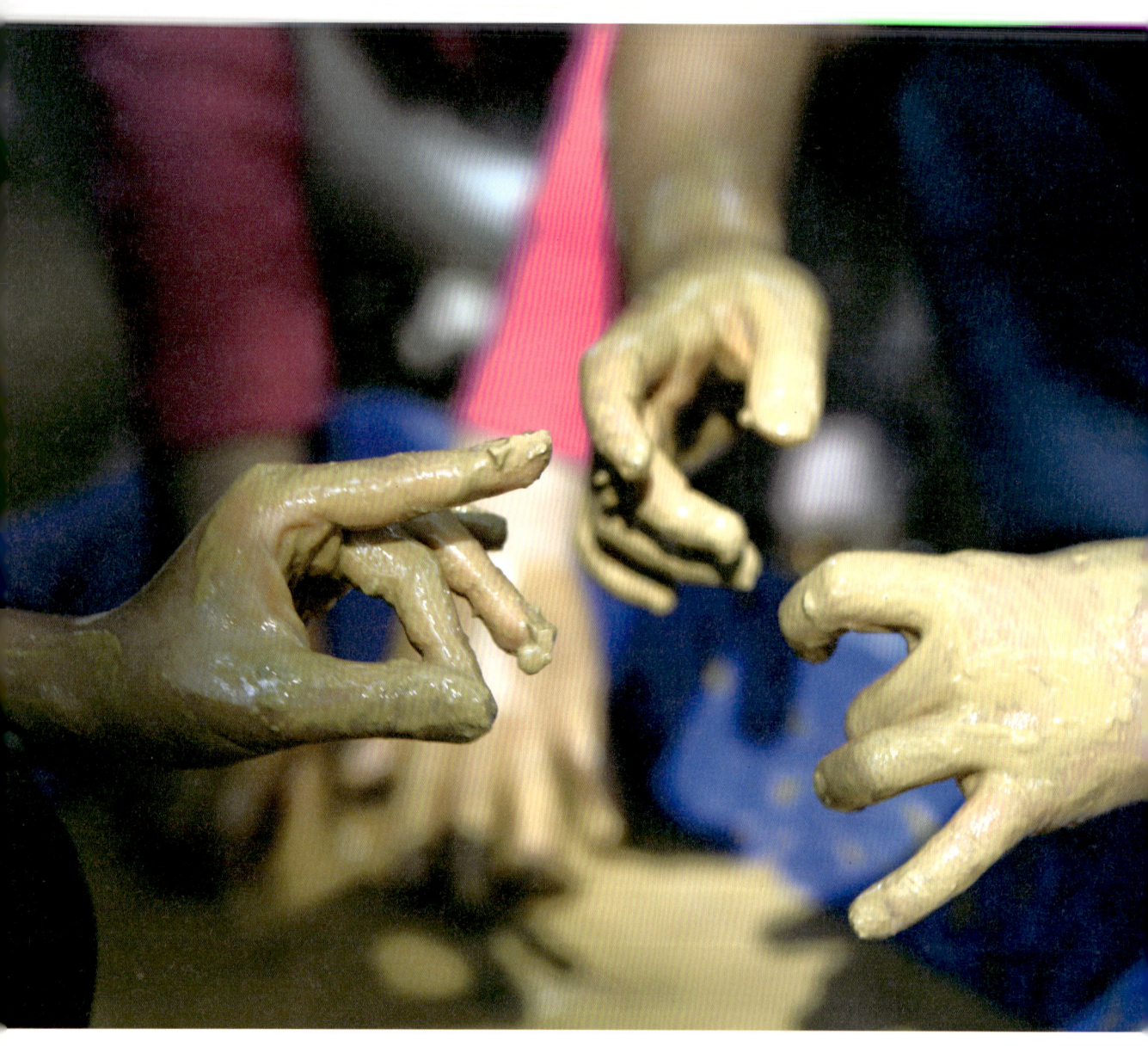

아이들에게 흙은

다양한 색을 표현할 수 있는 도구이며,

물과 섞으면 따뜻한 느낌을 주는 물감이다.

흙을 채집하여 자기만의 다양한 흙가루 그림도 그려 보고

각자의 다른 개성으로 자연미술 활동을 할 수 있는 친구이다.

그러므로 흙은 아이들이 자유롭고 아름다움을 보여주고

표현하고 감상할 수 있는 작업을 할 수 있게 성장하도록

도와주는 재미있는 친구입니다.

흙 놀이

#마을 #가을 #나뭇잎들 #친구들 #행복함 #형제감

흙 놀이

CHAPTER 4

플라워 아트
FLOWER ART

한 잎 한 잎 패턴처럼 꽃 이야기가 시작됩니다

#꽃잎 #색깔 #상상 #아름다움

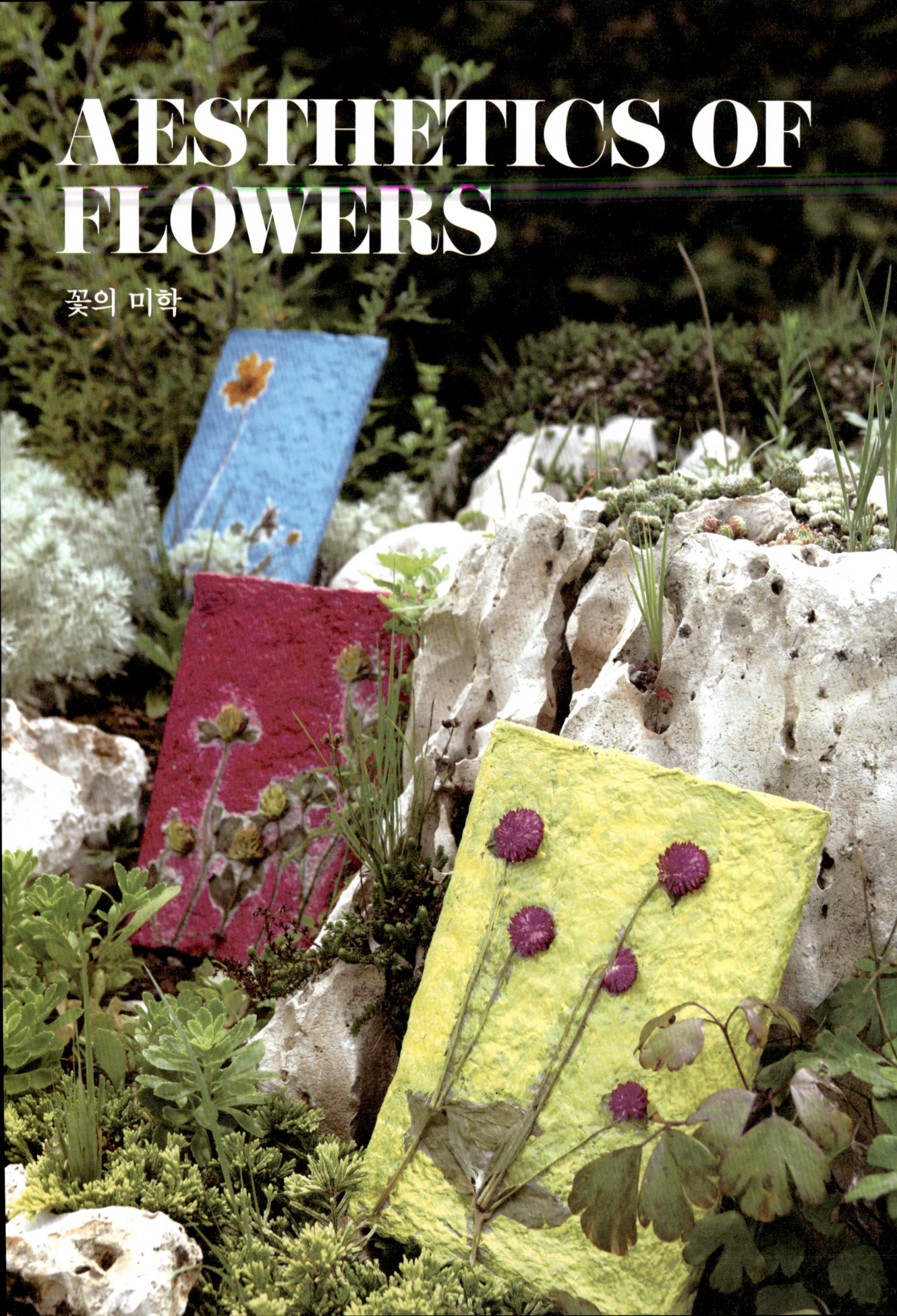

AESTHETICS OF FLOWERS

꽃의 미학

화려한 컬러와 꽃들과의 만남

#코스모스 #천일홍 #누두베키아 #민들레 #열정

꽃잎의 나들이

#개망초 #토끼풀 #강아지풀 #부처꽃 #담쟁이 #황매화 #방동사니

자연물로 표현

#나뭇잎들 #열매 #얼굴 #화려함 #표현 #자유로움

아이들에게 자연미술 놀이는

지식보다는 지능을 향상시켜 주는 활동입니다.

지능 향상을 위해서는

색, 형태, 소리, 움직임,

물질과 도구가 풍부한 환경에서

주체적인 경험을 많이

쌓아야 합니다.

CHAPTER 5

돌멩이

STONE ART

돌멩이와 꽃과의 어울림

#화병 #단아함 #행복 #자연

돌멩이

아이들에게 뭔가를 가르치는 것보다

자신이 가진 것을 마음껏

표현할 수 있게 하는 것이

자연미술 놀이의 핵심입니다.

기능만을 습득하는 미술이 아닌

풍부한 경험을 통해

표현의 자신감을 기르고

자신감을 성장시켜 갈 수 있는

기반을 다지게 됩니다.

ONE'S FACIAL EXPRESSION

표정

돌멩이 속 얼굴
#피카소 #표현 #미양감 #즐거움 #예술

흥미로운 파티

#호박 #박쥐 #몬스터 #귀여움 #재미

CHAPTER 6

자연미술
NATURAL ART

CONTAIN NATURE

자연을 담다

화려함 속 표현

#화사함 #달콤함 #생기가 있는 #작품 #가을

NATURE AND LIGHT

자연과 빛

빛을 통한 꽃잎 속의 그림자

#잎맥 #따스함 #태양 #부드러움 #아트

PINE CONE

솔방울

뾰족한 솔방울 잎과 컬러의 조화

#열매 #개구쟁이 #놀이 #표현 #즐거움

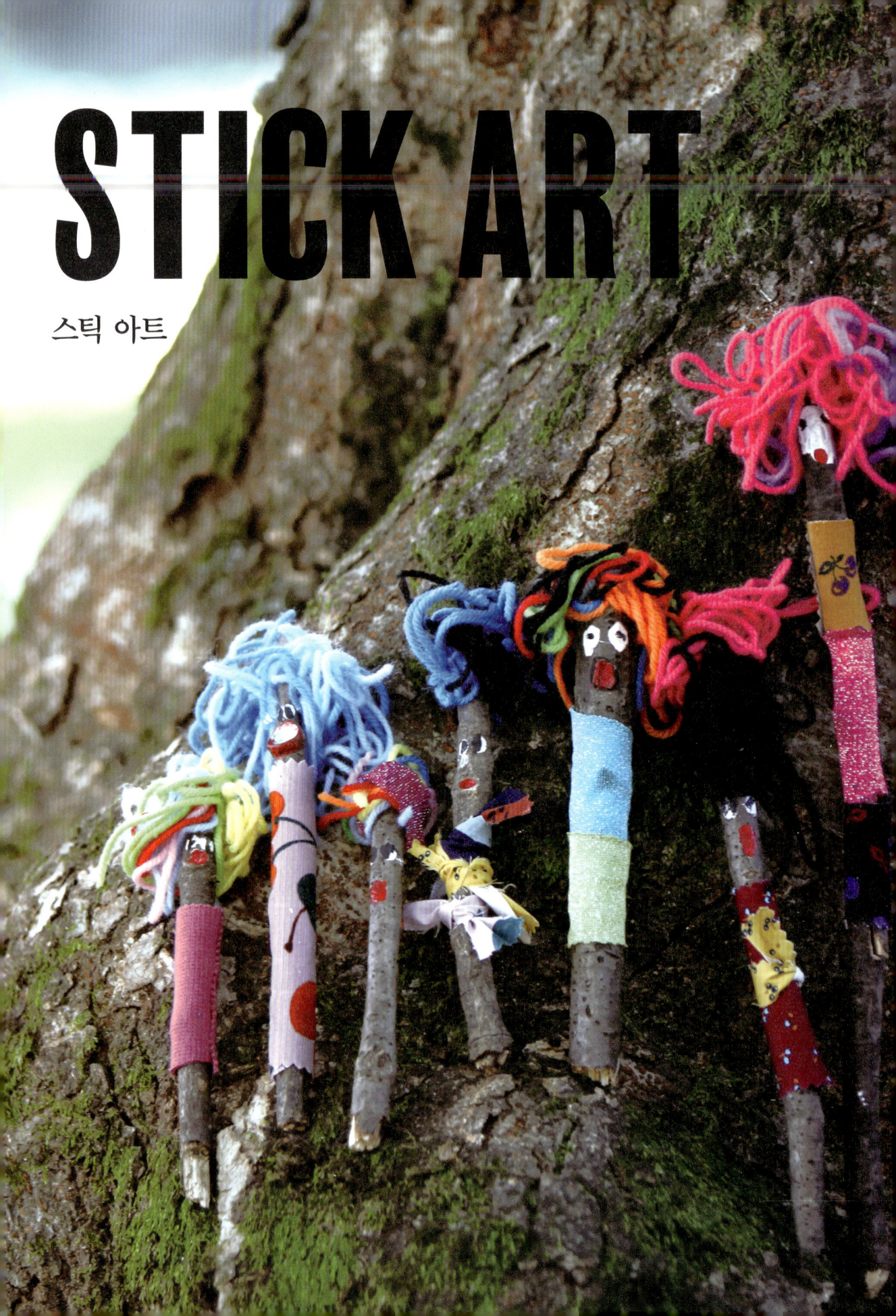

STICK ART

스틱 아트

친구들과의 만남

#나뭇가지 #시끌벅적 #자유 #밝은표정 #옷감

PHYSICAL MOVEMENT
신체 움직임

무심코 지나가는 나뭇가지 하나에도 이야기가 담겨 있다!

#활동 #신체표현 #컬러 #움직임 #나뭇가지 #활발함

춤을 추듯 물감 터치의 자유로움

#화사함 #느낌 #감각 #자연 #예쁘다

즐겁고 행복한 작업은

아이들의 자연스러운 본성을 드러내게 하며

자신감과 스스로 표현할 수 있는 여유를 줍니다.

성장의 감각을 갖게 하며,

가장 자기다운 모습을

디자인하게 만듭니다.

CHAPTER 7

종이 놀이

PAPER PLAY

TREE

나무

화려함을 표현

#스크래치 #멋스러움 #디자인 #거목

나만의 나무
#자유로움 #표현 #느낌 #이야기

SNOWY VILLAGE
눈 내리는 마을

싹뚝싹뚝! 종이모형들의 포옹
#집 #아파트 #눈 #창의 #표현 #행복함

STORY OF PAPER
종이 이야기

길쭉한 종이의 자유로움

#원색 #곡선 #접기 #추상 #테마 #놀이터

종이는 아이들이 가장 쉽게 접할 수 있는

안전하고 친환경적인 놀이 소재예요.

색깔 종이를 이리저리 오리고 붙여

원하는 것은 무엇이든 만들 수 있죠.

또 자유롭게 그림을 그리다 보면

무한한 상상력을 발휘하게 되죠.

종이놀이는 교육적 효과까지 탁월해요.

CHAPTER 8

겨울 이야기

WINTER STORY

SNOWMAN

눈사람

행복한 미소

#스마일 #액세서리 #소품 #거울 #귀여움

RUDOLF
루돌프

나뭇가지의 재미난 표정들

#빨간코 #Y자 나뭇가지 #리본 #귀여움 #눈동자

겨울 이야기

BULB ART
전구 아트

동그란 몸통 속 겨울 이야기

#히어로 #눈사람 #산타 #친구들

펭귄 친구들

#이야기 #재미 #귀여움

눈사람

#행복 #함께 #친구 #소품 #따스함

WINTER STORY

CHAPTER 9

설치미술
INSTALLATION ART

음악회

#감상 #투명함 #어울림 #경쾌함 #빗방울

주인공

#깨끗함 #유리 #거울

연결

#햇빛 #선 #어울림 #나무

공존

#화려함 #다양함 #컬러 #털실 #천 #나뭇가지

GAME OF STONES

돌멩이 놀이

#달팽이 #컬러 #게임 #놀이 #아이들

DREAMCATCHER

드림 케쳐

나의 세계

#꿈 #자연 #경이로움 #화려함 #이야기

자연미술 작품을 만들기 시작하면

소재의 모양과 구조 또는 색깔 따라

새로운 아이디어가 생겨나고

새로운 발견이 이루어진다.

나뭇잎, 돌멩이, 흙, 막대기 안에

생명의 기운이 연결되어

자연에 대한 경험과

탐색과 모험이 어우러지면서

그 모든 것이 녹아들어

다채로운 놀이가 시작된다.

자연미술 놀이는

모든 것을 합쳐 놓은 것 이상이다.

더 큰 그 무엇을 체험하는 것,

그것이 중요하다.

FISH
물고기

숲속 물고기

#신비함 #세계 #하나 #균형 #디자인

INSTALLATION ART

삼각형

#연결 #컬러 #나뭇가지 #털실 #가랜드

패브릭 아트
FABRIC ART

할로윈
HALLOWEEN

개구쟁이 모임

#파티 #즐거움 #행복 #개구쟁이 #놀이 #이야기

CHAPTER 10

스페셜 프로그램

SPECIAL PROGRAM

빛 이야기

STORY OF LIGHT

꽃들의 이야기

#아크릴판 #액자 #생화 #자연물 #컬러 #빛

SPECIAL PROGRAM

자연미술 놀이 과정은

자연에 있는 돌과 흙 한 줌,

바람소리와 나무와 새,

그리고 아름다운 색을 가진 꽃들……,

즉 자연이 가지고 있는 모든 것들로

아이들이 스스로 표현할 수 있는 여유와

자연스러운 본성을 드러나게 하여

자기다운 모습을 디자인하게 합니다.

FOOT 발

나

#디자인 #이야기 #컬러 #추상

화려한 이야기

#아크릴물감 #투명 커튼 #숲속 이야기 #자연물 #공동작품

DOLL

인형

#특별함 #이야기 #그리기 #꾸미기 #축하 #선물

자동차 극장
DRIVE-IN

#놀이 #즐거움 #체험 #경험 #소통 #친구들

CHAPTER 11

바깥놀이
OUTDOORS PLAY

자연은 우리 생활 속으로 들어와

생생한 그대로의 모습을 보여준다.

화려한 자연, 자연의 온갖 보물들……

순수한 자연 덕분에 우리들은 행복하다.

자연 속에서 마음껏 뛰어 놀며

즐거운 시간을 보내볼까요?

친구들과 함께 자연의 숨소리를 느껴 보러 갈까요?

OUTDOORS PLAY

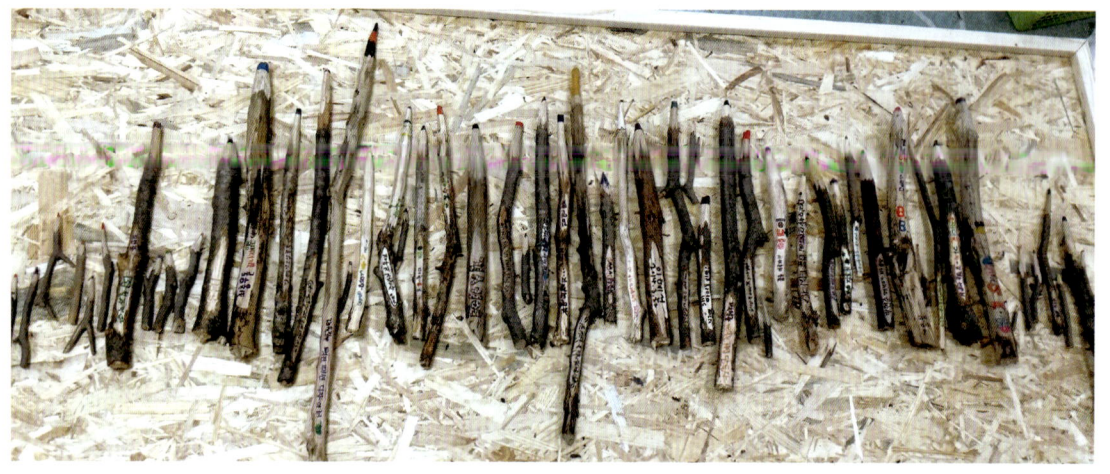